Mon Canada
SASKATCHEWAN
Sheila Yazdani

TABLE DES MATIÈRES

Saskatchewan.................3

Glossaire 22

Index 24

**Un livre de la collection
Les jeunes plantes de Crabtree**

Crabtree Publishing
crabtreebooks.com

Soutien de l'école à la maison pour les parents, les gardiens et les enseignants.

Ce livre aide les enfants à se développer grâce à la pratique de la lecture. Voici quelques exemples de questions pour aider le lecteur ou la lectrice à développer ses capacités de compréhension. Les suggestions de réponses sont indiquées en rouge.

Avant la lecture

- Qu'est-ce que je sais sur la Saskatchewan?
  - *Je sais que la Saskatchewan est une province.*
  - *Je sais qu'il y a des plaines en Saskatchewan.*

- Qu'est-ce que je veux apprendre sur la Saskatchewan?
  - *Je veux savoir quelles personnes célèbres sont nées en Saskatchewan.*
  - *Je veux savoir à quoi ressemble le drapeau de la province.*

Pendant la lecture

- Qu'est-ce que j'ai appris jusqu'à présent?
  - *J'ai appris que Regina est la capitale de la Saskatchewan.*
  - *J'ai appris que Saskatoon est la plus grande ville de la Saskatchewan.*

- Je me demande pourquoi...
  - *Je me demande pourquoi la fleur de la province est le lis rouge orangé.*
  - *Je me demande pourquoi la Saskatchewan cultive autant de blé dur.*

Après la lecture

- Qu'est-ce que j'ai appris sur la Saskatchewan?
  - *J'ai appris que tu peux faire de la randonnée au parc national des Prairies.*
  - *J'ai appris que l'animal de la province est le cerf de Virginie.*

- Lis le livre à nouveau et cherche les mots de vocabulaire.
  - *Je vois le mot **capitale** à la page 6 et le mot **produit** à la page 11. Les autres mots de vocabulaire se trouvent aux pages 22 et 23.*

J'habite à Saskatoon. J'aime me promener sur le sentier Meewasin.

Le nom Saskatoon vient du mot **Cri** désignant une sorte de baie rouge qui pousse dans la région.

Saskatchewan est une **province** de l'ouest du Canada. La **capitale** est Regina.

Fait intéressant : Saskatoon est la plus grande ville de la Saskatchewan.

L'animal de la province est le cerf de Virginie.

Fait intéressant : La Saskatchewan **produit** plus du tiers du blé dur mondial.

Le drapeau de ma province est jaune et vert. Les **armoiries** de la Saskatchewan se trouvent dans le coin supérieur.

Ma famille aime regarder les Blades de Saskatoon jouer au hockey.

J'aime aller au parc national de Prince Albert. J'y fais des pique-niques avec ma famille et je me baigne à la plage principale de Waskesiu!

Fait intéressant : Le parc national de Prince Albert est un refuge pour plus de 100 bison des plaines.

J'aime découvrir l'histoire au lieu historique national du Fort-Walsh.

J'aime assister au défilé du sergent-major au Centre du patrimoine de la GRC.

L'acteur Leslie Neilsen est né en Saskatchewan. Le légendaire hockeyeur Gordie Howe est aussi né en Saskatchewan.

Fait intéressant : Dafydd Williams, astronaute ayant participé à deux missions à bord de navettes spatiales, est né à Saskatoon, Saskatchewan.

Les tunnels de Moose Jaw sont des lieux fascinants à visiter.

Glossaire

armoiries (ar-mwa-ri) : Un groupe spécial d'images, généralement représenté sur un bouclier

blé dur (blé dur) : Type de grain souvent utilisé pour la fabrication de pâtes ou de pain

capitale (ka-pi-tal) : La ville où se trouve le gouvernement d'un pays, d'un état, d'une province ou d'un territoire

Cri (kree) : Peuple des Premières nations qui compte parmi les premiers habitants du Canada

produit (par-dui) : Du verbe produire : fabrique ou cultive quelque chose pour la vente ou l'utilisation

province (pro-vins) : Au Canada, comme dans certains pays, c'est une des grandes zones qui le divise

Index

blé dur 10, 11
lis rouge orangé 9
Neilsen, Leslie 18
parc national Prince Albert 14, 15
Regina 6
Saskatoon, 4, 5, 7, 19

À propos de l'auteure

Sheila Yazdani vit en Ontario, près des chutes Niagara, avec son chien Daisy. Elle aime voyager à travers le Canada pour découvrir son histoire, ses habitants et ses paysages. Elle adore cuisiner les nouveaux plats qu'elle découvre. Sa gâterie favorite est la barre Nanaimo.

Autrice : Sheila Yazdani
Conception et illustration : Bobbie Houser
Développement de la série : James Earley
Correctrice : Melissa Boyce
Conseils pédagogiques : Marie Lemke M.Ed.
Traduction : Claire Savard

Photographies :
Alamy: Rolf Hicker Photography: p. 16-17; NASA Image Collection: p. 19
Newscom: Derek Mortensen/ZUMAPRESS: p. 13; Jeff Goode/ZUMA Press: p. 18 right
Shutterstock: Nancy Anderson: cover, 15; Bernie Cardin: p. 3; EB Adventure Photography: p. 4-5, 22; Media Guru: p. 6, 22-23; Scott Prokop: p. 7; Michael Sean OLeary: p. 8; Lost Mountain Studio: p. 9; Lloyd Gwilliam: p. 10-11, 23; Alexander Prokopenko: p. 11; Millenius: p. 12, 22; Jason Yoder: p. 14-15; Featureflash Photo Agency: p. 18 left; Bennekom: p. 20; lynn friedman: p. 21

Crabtree Publishing

crabtreebooks.com   800-387-7650
Copyright © 2025 Crabtree Publishing

Tous droits réservés. Aucune partie de cette publication ne doit être reproduite ou transmise sous aucune forme ni par aucun moyen, électronique, mécanique, par photocopie, enregistrement ou autrement, ou archivée dans un système de recherche documentaire, sans l'autorisation écrite de Crabtree Publishing Company. Au Canada : Nous reconnaissons l'appui financier du gouvernement du Canada par l'entremise du Fonds du livre du Canada pour nos activités de publication.

Imprimé aux États-Unis/062024/CG20240201

Publié au Canada
Crabtree Publishing
616 Welland Avenue
St. Catharines, Ontario
L2M 5V6

Publié aux États-Unis
Crabtree Publishing
347 Fifth Avenue
Suite 1402-145
New York, New York, 10016

Library and Archives Canada Cataloguing in Publication
Available at Library and Archives Canada

Library of Congress Cataloging-in-Publication Data
Available at the Library of Congress

Paperback: 978-1-0398-4346-2
Ebook (pdf): 978-1-0398-4359-2
Epub: 978-1-0398-4372-1
Read-Along: 978-1-0398-4385-1
Audio: 978-1-0398-4398-1